AF224138

SOCIÉTÉ ACADÉMIQUE INDO-CHINOIS
DE PARIS.

MINISTÈRE DE L'AGRICULTURE ET DU COMMERCE.

EXPOSITION UNIVERSELLE INTERNATIONALE DE 1878, A PARIS.

CONGRÈS ET CONFÉRENCES DU PALAIS DU TROCADÉRO.

COMPTES RENDUS STÉNOGRAPHIQUES

PUBLIÉS SOUS LES AUSPICES

DU COMITÉ CENTRAL DES CONGRÈS ET CONFÉRENCES

ET LA DIRECTION DE M. CH. THIRION, SECRÉTAIRE DU COMITÉ,

AVEC LE CONCOURS DES BUREAUX DES CONGRÈS ET DES AUTEURS DE CONFÉRENCES.

CONFÉRENCE

SUR

LE TONG-KING ET SES PEUPLES,

PAR M. L'ABBÉ DURAND,

PROFESSEUR DES SCIENCES GÉOGRAPHIQUES À L'UNIVERSITÉ CATHOLIQUE DE PARIS,
MEMBRE DE LA SOCIÉTÉ ACADÉMIQUE INDO-CHINOISE.

27 AOÛT 1878.

PARIS.

IMPRIMERIE NATIONALE.

M DCCC LXXIX.

COMPTES RENDUS STÉNOGRAPHIQUES DES CONGRÈS INTERNATIONAUX

DE L'EXPOSITION UNIVERSELLE DE 1878.

Congrès de l'Agriculture. (N° 1 de la série.)

Congrès pour l'Unification du numérotage des fils. (N° 2 de la série.)

Congrès des Institutions de prévoyance. (N° 3 de la série.)

Congrès de Démographie et de Géographie médicale. (N° 4 de la série.)

Congrès des Sciences ethnographiques. (N° 5 de la série.)

Congrès des Géomètres. (N° 6 de la série.)

Conférences de Statistique. (N° 7 de la série.)

Congrès pour l'Étude de l'amélioration et du développement des moyens de transport. (N° 8 de la série.)

Congrès des Architectes. (N° 9 de la série.)

Congrès d'Hygiène. (N° 10 de la série.)

Congrès de Médecine mentale. (N° 11 de la série.)

Congrès du Génie civil. (N° 12 de la série.)

Congrès d'Homœopathie. (N° 13 de la série.)

Congrès de Médecine légale. (N° 14 de la série.)

Congrès sur le Service médical des armées en campagne. (N° 15 de la série.)

Congrès pour l'Étude des questions relatives à l'alcoolisme. (N° 16 de la série.)

Congrès des Sciences anthropologiques. (N° 17 de la série.)

Congrès de Botanique et d'Horticulture. (N° 18 de la série.)

Congrès du Commerce et de l'Industrie. (N° 19 de la série.)

Congrès de Météorologie. (N° 20 de la séric.)

Congrès de Géologie. (N° 21 de la série.)

Congrès pour l'Unification des poids, mesures et monnaies. (N° 22 de la série.)

6ᵉ Congrès Séricicole international. (N° 23 de la série.)

Congrès de la Propriété industrielle. (N° 24 de la série.)

Congrès du Club Alpin français. (N° 25 de la série.)

Congrès sur le Patronage des prisonniers libérés. (N° 26 de la série.)

Congrès de la Propriété artistique. (N° 27 de la série.)

Congrès de Géographie commerciale. (N° 28 de la série.)

Congrès universel pour l'Amélioration du sort des aveugles et des sourds-muets. (N° 29 de la série.)

Congrès des Sociétés de la paix. (N° 30 de la série.)

Congrès des Brasseurs. (N° 31 de la série.)

Congrès pour les Progrès de l'industrie laitière. (N° 32 de la série.)

AVIS. — Chaque compte rendu forme un volume séparé que l'on peut se procurer à l'Imprimerie nationale (rue Vieille-du-Temple, n° 87) et dans toutes les librairies, au fur et à mesure de l'impression.

CONFÉRENCE

SUR

LE TONG-KING ET SES PEUPLES.

MINISTÈRE DE L'AGRICULTURE ET DU COMMERCE.

EXPOSITION UNIVERSELLE INTERNATIONALE DE 1878, A PARIS.

CONGRÈS ET CONFÉRENCES DU PALAIS DU TROCADÉRO.

COMPTES RENDUS STÉNOGRAPHIQUES

PUBLIÉS SOUS LES AUSPICES

DU COMITÉ CENTRAL DES CONGRÈS ET CONFÉRENCES

ET LA DIRECTION DE M. CH. THIRION, SECRÉTAIRE DU COMITÉ,

AVEC LE CONCOURS DES BUREAUX DES CONGRÈS ET DES AUTEURS DE CONFÉRENCES.

CONFÉRENCE

SUR

LE TONG-KING ET SES PEUPLES,

PAR M. L'ABBÉ DURAND,

PROFESSEUR DES SCIENCES GÉOGRAPHIQUES À L'UNIVERSITÉ CATHOLIQUE DE PARIS,
MEMBRE DE LA SOCIÉTÉ ACADÉMIQUE INDO-CHINOISE.

27 AOÛT 1878.

PARIS.

IMPRIMERIE NATIONALE.

M DCCC LXXIX.

CONFÉRENCE

SUR

LE TONG-KING ET SES PEUPLES,

PAR M. L'ABBÉ DURAND,

PROFESSEUR DES SCIENCES GÉOGRAPHIQUES À L'UNIVERSITÉ CATHOLIQUE DE PARIS,
MEMBRE DE LA SOCIÉTÉ ACADÉMIQUE INDO-CHINOISE.

BUREAU DE LA CONFÉRENCE.

Président :

M. le marquis DE CROIZIER, président de la Société académique Indo-Chinoise.

Assesseurs :

MM. Hippolyte DUPRAT, ancien chirurgien de marine, membre de la Société
   académique Indo-Chinoise.
   Jean DUPUIS, explorateur du fleuve Rouge au Tong-King, membre de la
   Société académique Indo-Chinoise.
   l'abbé LESSERTEUR, directeur de l'Annam et du Tong-King au séminaire
   des Missions étrangères, ancien missionnaire au Tong-King.
   Aristide MARRE, secrétaire général de la Société académique Indo-
   Chinoise.
   le comte MEYNERS D'ESTREY, membre du conseil de la Société académique
   Indo-Chinoise.
   Adolphe NIBELLE, secrétaire de la Société académique Indo-Chinoise.
   le colonel DE VALETTE, membre du conseil de la Société académique Indo-
   Chinoise.

La séance est ouverte à 2 heures.

M. le marquis DE CROIZIER, *président.* Mesdames et Messieurs, qu'il me soit
permis, en ouvrant cette séance, de remercier S. Exc. M. le Ministre de

l'agriculture et du commerce et M. le Sénateur Commissaire général de l'Exposition, qui ont bien voulu autoriser la Société académique Indo-Chinoise à donner, au palais du Trocadéro, une série de conférences sur les différentes contrées, les mœurs et les religions de l'Inde transgangétique.

Le Tong-King, de tous les pays de l'extrême Orient, est certainement l'un des plus intéressants pour un auditoire français.

Fécondé par le sang de nos missionnaires, asservi sous le joug de l'Annamite, il a les yeux tournés vers la France et il attend de nous sa délivrance; il offre à notre civilisation cette admirable voie du Song-Coï découverte et explorée du Yun-Nan à la mer par notre courageux et trop modeste compatriote M. Dupuis. (Applaudissements.)

Vous entendrez donc avec intérêt la conférence de notre savant collègue, M. l'abbé Durand.

La parole est à M. l'abbé Durand.

M. l'abbé Durand :

Mesdames, Messieurs,

Nous allons nous entretenir d'un sujet qui est véritablement à l'ordre du jour, non seulement en France, mais encore dans toute l'Europe. Il s'agit d'un petit pays, d'un coin de terre situé à l'extrémité de la mer de Chine et qui, tout naturellement, ne devrait pas attirer l'attention des voyageurs, des savants et des commerçants.

· Mais, tout petit qu'il soit, il n'en est pas moins un joyau encastré entre les ramifications de la grande chaîne du Laos indo-chinois et le golfe du Tong-King.

C'est à cause de ses richesses, et aussi à cause de ses 400,000 chrétiens évangélisés depuis bientôt trois siècles par de nombreux missionnaires français, que l'attention publique s'est tournée sur ce pays.

En effet, dans les recherches que nous allons exposer et qui ne seront qu'une esquisse bien succincte, pourtant suffisante pour attirer, pour éveiller votre attention et vous faire comprendre mon récit, vous verrez que ce petit pays est aujourd'hui la seule route commerciale entre la Chine occidentale, le Thibet et le reste du monde.

Qu'est-ce donc que le Tong-King ?

Le Tong-King nous représente un triangle situé au fond du golfe du même nom. Regardez la carte que je vais tracer au tableau.

A l'Est, voici le golfe du Tong-King et l'île d'Haï-Nan qui le ferme; à l'Ouest se trouve la grande chaîne cochinchinoise.

Le rivage, cette plage sablonneuse, ou plutôt cette grève, est couvert d'une rangée de dunes et présente la même configuration que la chaîne elle-même. La forme de la presqu'île indo-chinoise, du côté de l'Est, est la même que celle du massif montagneux de l'intérieur. On dirait, et cela est probable, que jadis, à des époques inconnues de nous, la mer a été battre le pied de ces montagnes. Au sud du Tong-King elles n'en sont pas éloignées de plus de 40 à 60 kilomètres.

Voilà donc le massif central de la Cochinchine. Ce massif central projette deux rameaux principaux: le premier, au Nord, s'allonge de l'Ouest à l'Est en séparant le pays que nous appelons improprement le Tong-King de la Chine; le second, au Sud, forme les montagnes qui séparent le Tong-King proprement dit de la province annamite de Thanh-Hoa.

Au centre de ce triangle nous trouvons un grand fossé, une crevasse; cette crevasse est creusée par le Song-Coï, qui vient se jeter dans le golfe du Tong-King.

Les ramifications de la grande chaîne enserrent ce fleuve de leurs murailles abruptes jusqu'à une petite distance à l'ouest du Delta, et de là elles s'avancent, les unes au Nord-Est, pour se relier avec les montagnes qui séparent le Tong-King des provinces chinoises Quang-Si et Quang-Tong; les autres, au Sud, où elles forment plusieurs ramifications qui s'allongent en éventail à l'Est et au Sud-Est. Au fond de ces ramifications, ou plutôt entre elles, coulent les différents affluents du Song-Coï, qui va lui-même se jeter dans le golfe de Tong-King par un certain nombre de bouches. En comptant celles du Tay-Bing, appelé *Cua-Cuam* ou *port fortifié,* autre fleuve qui vient de la province du Quang-Tong, on trouve onze bouches du fleuve, dont cinq pour le Song-Coï et six au Nord pour le Tay-Bing.

Le Tay-Bing et le Song-Coï forment donc deux deltas confondus en un seul.

Cette région forme une grande plaine triangulaire entre les montagnes; plaine fertile en riz et toute espèce de cultures, qui sont la ressource de toute la population. Le jour où la récolte de riz vient à manquer dans le delta, il en résulte une famine désastreuse pour les Tonquinois. Dans les années fécondes, les immenses cultures de riz qui en couvrent les îles marécageuses fournissent beaucoup à l'étranger. On en exporte en Chine, dans l'Annam et dans d'autres régions de l'extrême Orient.

Voilà donc l'exquisse grossière du Tong-King : un delta dans la partie orientale; dans les régions Nord et Ouest, un massif montagneux qui n'est pas autre chose que l'expansion, l'épanouissement du massif de la chaîne de Cochinchine qui envoie ses différentes ramifications vers la côte.

Le Tong-King est donc, dans sa partie marécageuse, c'est-à-dire dans le delta, d'une fertilité extraordinaire; mais dans sa partie montagneuse, il nous offre d'autres richesses d'une très grande importance.

Toutes les montagnes de cette région renferment une immense quantité de mines de toute espèce. Les bords du Song-Coï, jusque dans l'intérieur du Yun-Nan, province montagneuse de la Chine occidentale qu'on pourrait comparer à l'Auvergne, mais avec des dimensions bien plus grandes, contiennent des mines d'or, d'argent, de charbon de terre et de fer, des mines de zinc, d'étain et d'antimoine. L'or se trouve dans une grande partie de ces montagnes, le cuivre y est commun et vient même affleurer les roches de la vallée moyenne du Song-Coï. Ainsi, lorsque le voyageur, naviguant sur le fleuve, pénètre dans ces longs défilés, dans ces labyrinthes boisés au milieu desquels il serpente et descend de gradin en gradin, de rapide en rapide, de cataracte en cataracte, entre des murailles de 150 à 1,700 mètres de hauteur, il voit apparaître sur ces rochers abruptes de nombreux affleurements de cuivre natif.

Ce pays est donc très riche; par conséquent l'industrie a dans le Tong-King des ressources incroyables pour l'avenir. Tout s'y trouve: le combustible sous la forme du charbon de terre pour faire marcher les bateaux à vapeur et les locomobiles utiles, et les métaux comme le fer tout prêts à être transformés en instruments avec lesquels on attaquera les gangues des métaux précieux. Ces richesses sont réunies sur le même terrain et au bord d'un fleuve navigable. Dans la saison des pluies, le Song-Coï porte des bateaux tirant près de 3 mètres d'eau; en toute saison il offre assez d'eau pour des embarcations qui en calent environ 2 mètres, jusqu'à la ville chinoise de Manh-Hao, dans le Yun-Nan.

Ce fleuve nous présente la seule, l'unique voie navigable qui mène de la mer au Thibet, dans la Chine occidentale et dans le nord de l'Indo-Chine.

Vous vous rappelez les efforts nombreux, répétés, multipliés, que les Anglais ont faits pour s'ouvrir une route depuis l'Inde jusque dans ces pays. Ils savaient qu'il y a là des mines précieuses, un marché de soie inépuisable, une population dense, considérable, qui n'attend que le commerçant pour échanger les produits de sa province contre ceux de l'Europe. Ils ont deviné cela depuis longtemps, et alors ils ont fait de nombreuses tentatives pour pénétrer dans ces régions. Ils n'ont pas réussi. Ils ont d'abord tenté la voie du Brahmapoutra. Vous savez que ce fleuve décrit une vaste circonvolution en enfermant l'Himalaya oriental dans une longue presqu'île, puis descend mêler ses eaux avec celles du Gange à travers l'immense delta de ce fleuve. Eh bien! ils ont remonté la vallée du Brahmapoutra, mais sont venus se briser, s'aplatir, permettez-moi l'expression, contre la muraille verticale qui ferme toute la rive orientale du fleuve, et ils se sont arrêtés stupéfaits devant ces montagnes grandioses aux crêtes neigeuses, aux pics de glace, aux parois infranchissables. Il leur a donc fallu battre en retraite et abandonner cette route. Ils se sont alors rejetés plus bas, au Sud-Est, sur la vallée de l'Iraouaddy. En prévision des événements futurs, et en gens pratiques, les Anglais se sont emparés de tout le littoral riche, fécond et peuplé de la Birmanie. C'est pour eux une condition importante; car il ne s'agit pas seulement d'aller occuper un marché de matières premières, mais de trouver des populations auxquelles on puisse les rapporter manufacturées pour les leur vendre.

Ne blâmons donc pas l'Angleterre de ces acquisitions, puisque avec ses marchandises elle importe la civilisation. Donc les Anglais se sont emparés des bouches de l'Iraouaddy, et ils ont remonté le cours de ce fleuve. Dans sa partie moyenne se trouve une ville importante, — elle l'était davantage autrefois, — c'est *Bamo,* située dans un magnifique bassin à l'ouest et au pied de la chaîne qui le sépare de la vallée du Me-cong. Il existe là une route fréquentée depuis des siècles par les Chinois qui apportaient dans cette ville, à dos d'éléphant ou de mulet, les denrées de l'intérieur de la Chine et du Thibet pour les échanger contre celles de la Birmanie. Mais l'insurrection des Taïpings, qui a transformé en déserts des pays naguère couverts de populations considérables, a apporté la misère à la place de la richesse, la stérilité dans les lieux les plus fertiles. Cette révolution ou plutôt cette guerre, qui a duré environ seize ans, a intercepté les communications et les routes se sont détériorées. Cependant celle qui nous occupe est chaussée et parfaitement tracée. Le premier qui l'ait explorée est un missionnaire français, Mgr Bigandet, vicaire apostolique de Birmanie. C'est lui qui le premier se rendit en 1864 à Bamo pour tenter de pénétrer dans le Yun-Nan. Il s'est avancé jusqu'à une quarantaine de kilomètres à l'Est, et a reconnu qu'elle traverse trois cols ou vallées profondes coupant trois chaînes parallèles, et qu'elle était praticable pour les chevaux, les mulets et les bœufs. Mais les sauvages et les instructions secrètes de la cour de Mendaleh l'arrêtèrent à trois journées de la frontière chinoise. Il fut obligé de revenir sur ses pas, toutefois après avoir constaté que cette route est peuplée, bordée de nombreux villages et que les vallées de ces différentes chaînes sont fertiles, remplies d'une population semi-sauvage assez dense.

Après Mgr Bigandet, des voyageurs anglais ont tenté d'explorer cette route; mais leurs tentatives n'ont abouti qu'à des insuccès. La dernière s'est terminée par une catastrophe: M. Margary a été assassiné à Momein par les Chinois. Il est du reste facile de comprendre que ces peuples se soucient fort peu de laisser pénétrer les Européens dans l'intérieur de leur pays. Ils savent que les Hindous, pour avoir accepté l'établissement des premiers comptoirs européens, sont devenus les sujets de S. M. l'Impératrice des Indes; ils savent ce qu'il est advenu de la région maritime de la Birmanie, qui forme la Birmanie anglaise, c'est-à-dire une dépendance de l'empire britannique des Indes; ils savent que, partout où l'Européen prend pied pour établir ses factoreries et ses comptoirs, il finit par s'emparer du pays. Par conséquent il ne faut pas s'étonner de ce que les populations résistent à cet envahissement, et suscitent toute sorte d'obstacles aux voyageurs européens.

La route de la Chine occidentale a donc été cherchée par les Anglais du côté de l'Occident, par l'Iraouaddy et le Brahmapoutra; et au Sud dans la vallée de Me-kong par les Français. Mais dans ces derniers temps, un de nos compatriotes qui résidait en Chine, après avoir étudié la question dans ce pays dont il connaît parfaitement la langue, les usages et les coutumes, conçut le projet d'ouvrir cette route par un autre côté; je veux parler de l'expédition de M. Dupuis.

Les Chinois, depuis des siècles, remontent le Song-Coï. Ceux de Canton particulièrement sont de hardis commerçants. Or, rien de plus industrieux, de plus actif que le peuple chinois; il envahit pacifiquement tous les pays voisins par sa seule force d'expansion; par sa puissance colonisatrice, il pullule épouvantablement. Le Chinois va s'établir sur un petit coin de terre, sur une bande de sable qui vient d'être formée dans la dernière inondation, il y jette quelques poignées de riz, il y plante quelques racines, y construit une case avec quelques tiges de bambou et des feuilles; il est heureux, c'est le commencement de sa fortune. Il cultive son banc de sable et, chaque année, l'alluvion s'exhausse et se couvre d'habitations. Ainsi la basse Cochinchine, le Cambodge et beaucoup d'autres pays sont envahis chaque jour. En ce moment il est en train de s'emparer de la Californie. Lorsque le Chinois a un peu d'argent, il lui faut une femme, une compagne, un coadjuteur pour l'aider à travailler; et puis au bout de quelques années, vous êtes très étonné de le voir devenu millionnaire. C'est ainsi qu'à Saïgon nous voyons des Chinois arrivés avec leurs deux bras pour toute fortune et aujourd'hui devenus grands potentats du commerce; ils ont des millions. Ce sont eux seuls qui ont forcé les maisons françaises à fermer. Seuls ils peuvent lutter avec les maisons allemandes qui ont pu survivre aux nôtres; chose curieuse! les Chinois et les Allemands, voilà les seuls maîtres du commerce de notre possession indo-chinoise.

Pardonnez-moi, Messieurs, cette digression sur les Chinois; mais il y a tant de choses à dire à l'occasion du Tong-King qu'une échappée est permise et même nécessaire sur tel ou tel point. (Applaudissements.)

Ce Français dont je vous parlais, nous avons l'honneur de le posséder au milieu de nous; c'est M. Dupuis, qui siège au bureau. (Nouveaux applaudissements.)

M. Dupuis conçut le projet d'ouvrir au commerce français les grands marchés de la Chine occidentale, qui, je le répète, sont des marchés de soieries, de thé et d'industrie métallurgique. Je passe sous silence d'autres produits qu'il serait trop long d'énumérer.

L'insurrection des Taïpings étant vaincue par les Chinois, les généraux du Céleste-Empire en avaient refoulé les derniers débris sur le Tong-King.

Ces bandes descendirent sur le Song-Coï et, sous le nom de Pavillons noirs et de Pavillons jaunes, vinrent camper en vue de Ha-Noï, la capitale; ce qui donna de vives appréhensions aux gouverneurs annamites. Or, en ce moment, M. Dupuis traitait avec les généraux ou avec les représentants du gouvernement chinois qui avait besoin d'armes perfectionnées pour vaincre les mahométans révoltés de la province de Yun-Nan. Le maréchal Ma et quelques généraux chinois assiégeaient ceux-ci dans la ville de Tali où ils s'étaient retranchés. Il fallait donc donner aux troupes chinoises des armes perfectionnées pour réduire ces musulmans désespérés. M. Dupuis prit l'engagement d'apporter aux mandarins avec lesquels il traitait un certain nombre de fusils, de canons perfectionnés, et autres engins modernes nécessaires pour venir à bout de l'insurrection.

Ne pouvant pas descendre du Yun-Nan à Hong-Kong par la voie du Song-Coï, M. Dupuis examina la situation et dut en faire la première reconnaissance par terre. Parti de la ville de Han-Keou sur le Yang-tse-Kiang, il eut à traverser à pied toutes les provinces montagneuses de la Chine occidentale, alors en pleine révolution, en rencontrant à chaque instant des obstacles de toute nature. Il eut à franchir des montagnes remplies de bêtes féroces, coupées de précipices et pleines de brigands qui l'attendaient au passage. Il était bien accompagné par une escorte que lui avait donnée le général chinois, mais cette escorte devait lui attirer l'inimitié des révoltés. Il fit 8,500 kilomètres de cette manière et atteignit la ville chinoise de Man-Hao, située sur le Song-Coï. De là il descendit le fleuve et constata qu'il était facilement navigable jusqu'à la mer. Il n'avait plus qu'à aller à Hong-Kong ou Macao afin d'y traiter avec des maisons industrielles de sa fourniture d'armes et à les apporter dans le Yun-Nan; c'est ce qu'il fit. Il fréta trois bateaux à vapeur et deux navires à voiles et remonta le Song-Coï, en brisant toutes les difficultés, jusqu'à Man-Hao. Mais des événements tout à fait imprévus furent cause de retards qui lui firent manquer complètement sa fourniture. La révolte de l'intérieur du Tong-King, la campagne entreprise par notre infortuné compatriote et ami Garnier, venu pour soutenir l'honneur du pavillon français dans ces contrées, mais qui fut désavoué après avoir payé de son sang la gloire et les conquêtes qu'il nous a léguées; tous ces événements arrêtèrent M. Dupuis dans le delta, et pendant ce temps l'armée chinoise prenait les villes de Taly et de Yun-Nan, le pays était pacifié; ses fournitures, ses cinq navires et la solde des deux cents hommes qui composaient leurs équipages lui restèrent pour compte.

Alors M. Dupuis explora le fleuve du Tong-King et prouva ses assertions par des faits. Il remonta le Song-Coï avec un bateau à vapeur jusqu'à Man-Hao. Il reconnut qu'au dessus de cette localité le fleuve n'est plus navigable que pour des pirogues d'une certaine dimension jusque dans l'intérieur du Yun-Nan. Ce fleuve est donc une porte ouverte pour le commerce étranger et pour l'industrie de la Chine occidentale.

Cependant les Chinois étaient depuis longtemps établis à Man-Hao; ils y faisaient un commerce considérable. Avant l'arrivée des Pavillons noirs et des Pavillons jaunes, la douane de cette ville rapportait environ 5,400,000 francs par an.

Les *Hékis* ou Pavillons noirs, poussés par les troupes chinoises, s'étaient établis sur les bords du Tay-Binh et du Song-Coï. Ils remontèrent insensiblement ces fleuves et vinrent s'échelonner sur leurs bords. De là ils s'avancèrent jusqu'à Man-Hao et exterminèrent la population chinoise. C'était tuer la poule aux œufs d'or. Pendant ce temps là les Pavillons jaunes s'établissaient plus bas, à Tuyen-Kouang, sur les bords de la rivière Claire ou Tsim-Ho, affluent nord-est du Song-Coï; par conséquent ils restaient maîtres du cours moyen du fleuve. Il fallait pourtant que les deux larrons finissent par s'entendre; les Pavillons noirs tenaient la douane, mais ils ne possédaient pas le cours inférieur du fleuve; ils avaient la bourse, mais elle devenait inutile; il n'y avait rien dedans. Ils s'entendirent pour partager le produit de la douane de Man-Hao. Mais cette douane ne rapportait presque plus rien; les Chinois ayant été massacrés, elle resta vide ou à peu près. Son rapport était descendu à 145,000 francs, ce qui fait une différence assez notable!

Les Pavillons noirs dirent : Après tout, c'est nous qui tenons la douane, c'est à nous qu'appartient l'argent. En conséquence, ils ne voulurent plus partager avec leurs camarades, de telle sorte qu'il y eut entre eux une sorte de scission, de division, de guerre. Alors les Pavillons noirs vinrent prendre du service chez les Annamites, qui furent très heureux de les avoir pour les lancer sur les chrétiens et sur les Français, afin de s'excuser en disant : Ce sont les brigands, les rebelles de la Chine qui ont commis ces atrocités, mais ce n'est pas nous. Or, les agents annamites leur avaient donné l'ordre d'exterminer tous ceux qui leur tomberaient sous la main.

Les Annamites les prirent donc à leur solde. Alors avait lieu l'expédition de M. Garnier, lieutenant de vaisseau, qui avait été le second du regretté commandant de Lagrée, chef de l'expédition du Me-Kong.

M. Garnier ayant constaté l'impossibilité de remonter ce fleuve à cause de ses nombreuses cataractes, avait conçu également le projet de reconnaître la voie du Song-Coï pour arriver dans le Yun-Nan. En effet, favorisé par le gouvernement de la Cochinchine française, il fut envoyé au

Tong-King avec environ 150 hommes. Il y fit de véritables prouesses ; accompagné de quelques hommes, il prit d'assaut des places fortes, et aidé par M. Dupuis, dont il avait requis les navires et le personnel, et qui payait lui-même de sa personne à la tête d'une centaine de Chinois, il fit la conquête de tout le delta en quelques semaines. Devant cette poignée d'hommes, les villes ouvrirent leurs portes ; des garnisons considérables se rendirent. Ainsi, je ne citerai qu'un fait entre cent ; il a été accompli par un enseigne de vaisseau, M. Hautefeuille, je crois : c'est la prise de la ville de *Hong-Hien*, située dans le delta, sur la branche du fleuve appelée *Ba-lat*, où jadis se trouvaient les factoreries européennes fondées il y a deux cent soixante ans.

Ainsi que toutes les villes fortes de l'Annam, cette place avait été fortifiée à la Vauban par les officiers français amenés à l'empereur Gialong en 1787, par le vicaire apostolique de la Cochinchine, Mgr Pigneau, évêque d'Adran. M. Hautefeuille arriva sur l'*Espingole*, petite canonnière montée par sept hommes. En touchant au rivage, la chaudière éclate. Quelle position critique ! Il faut payer de sang-froid et d'audace, sous peine de mort. Il débarque avec ses sept hommes, se met à leur tête et arrive à la citadelle. Il y pénètre et somme les mandarins de se rendre. Il y avait là une garnison considérable. Pendant ce temps un matelot muni de clous et d'un marteau faisait le tour des fortifications et enclouait tous les canons. Une fois cette opération achevée, il revient vers son chef. Alors le lieutenant Hautefeuille ordonne à ses hommes de mettre en joue les mandarins effrayés, et il leur crie : « Rendez-vous, ou je commande le feu. » Les mandarins ne trouvèrent rien de mieux que d'obéir, et ainsi fut prise une citadelle armée de 60 canons.

Voilà comment se rendirent toutes les places fortes du Tong-King ; il suffit de quatre ou cinq hommes pour s'emparer de citadelles et de villes de 30 ou 40,000 âmes, et de la ville de Ha-Noï, qui a 120,000 habitants. Au rapport de M. Dupuis, les fortifications de cette capitale appartiennent à différents systèmes de défense.

Chacune des cinq portes de cette ville est fortifiée par une demi-lune ; M. Garnier, à la tête de 150 hommes, a attaqué l'une d'elles, l'a enfoncée et a pris la capitale en quelques heures.

Voilà, Messieurs, des faits qui indiquent ce qu'on peut faire dans ce pays, avec le prestige européen ; ces faits témoignent qu'avec de la force, de la persévérance, de l'énergie, du courage, et quelques hommes déterminés et intelligents, un bon officier peut arriver à introduire la civilisation dans ces contrées.

M. Garnier, ayant pris Ha-Noï, se vit un jour attaqué par les Pavillons noirs, qui étaient secrètement à la solde du gouvernement annamite. Entraîné par son ardeur et par l'habitude du succès, il partit d'un côté avec

3 ou 4 matelots, tandis que l'enseigne de vaisseau Balny allait de
l'autre pour les cerner. C'était une embuscade dans laquelle on cherchait
à attirer le chef de l'expédition. Garnier tomba dans un fossé, et les Pavillons noirs, embusqués sous les broussailles voisines de ce fossé, le per-
cèrent à coups de lance avant que ses hommes fussent arrivés pour se faire
tuer; Balny eut le même sort. Ainsi donc ces deux vaillants Français, ces
hommes intelligents qui avaient conçu le projet de donner à la France
une colonie destinée à devenir l'entrepôt du commerce de la Chine occidentale, tombèrent victimes de leur courage et de leur patriotisme.

Dès ce jour leur expédition fut désavouée. Les mandarins de Hué, exces-
sivement habiles comme le sont tous les Orientaux, sachant parfaitement
qu'il fallait dissimuler pour arriver à leurs fins, connaissant bien en outre
le fond de droiture du caractère français qui, malgré toutes les duplicités
de la diplomatie, reste toujours assez loyal, les mandarins, dis-je, saisirent
cette occasion pour traiter avec nos agents; ce fut alors une vraie déroute,
une véritable ruine, une fuite sur toute la ligne jusqu'à Haï-Phuong.

Haï-Phuong est un port de mer situé à l'embouchure du Taï-Bing. Là
M. Dupuis fut obligé de reprendre ses navires, de rembarquer ses
hommes; il lui fut défendu de remonter le fleuve et de continuer ses
opérations vers l'Ouest. Ce fut pour lui la ruine complète; il resta là immo-
bilisé par l'ordre des agents français, avec un personnel de 200 hommes
qu'il fallait payer, 5 navires qui se détérioraient et toute une cargaison
d'armes et de munitions restée pour compte. Pendant ce temps-là sa
maison d'Ha-Noï était pillée, et les notes précieuses qu'il avait recueillies
sur les pays des Muongs disparaissaient. Ce fut, je le répète, une ruine
totale.

A cette époque, le Tong-King était désolé par la révolte des lettrés et par
celle des partisans de la dynastie Lé, qui a régné sur le Tong-King pendant
plusieurs siècles, jusqu'au milieu du siècle dernier, époque à laquelle
elle fut chassée par les Tayson. D'un autre côté, les Annamites voulant
expulser les Européens de leur territoire, le pays était mis à feu et à sang.

L'hésitation de nos agents donna le temps à des désastres irréparables de
se produire. Tout cela se traduisit par le massacre de 20,000 chrétiens,
l'incendie de *trois cents* villages, la dispersion violente de 70,000 autres
chrétiens, l'anéantissement de tout ce que nous avions fait, la perte
de toutes nos espérances. Tel fut le résultat positif de toutes ces belles
choses accomplies par nos compatriotes, de tous les efforts gigantesques
de nos missionnaires qui, depuis trois cents ans, font aimer et respecter
le nom français dans ce pays. Ils virent la persécution et la mort venir
balayer, ravager toute la population qu'ils avaient réunie autour d'eux
au prix de tant de sacrifices, et qui s'était laissé séduire par l'espérance
d'une protection plus efficace.

Cela est triste, mais enfin devons-nous espérer que l'avenir réparera tous ces malheurs?

Je vous ai parlé tout à l'heure d'une ville appelée Cua-Cuam; elle est située à l'embouchure de l'artère principale du *Tay-Binh*.

D'après le traité de 1874, cette ville possède aujourd'hui un consul français, et par conséquent nous y avons déjà un pied. On l'a choisie pour y installer un consulat, parce qu'elle est située sur la seule branche du fleuve accessible aux navires de guerre. C'est par elle que M. Dupuis put remonter le Song-Coï malgré les Annamites. Il avait été mis en quarantaine et maintenu en suspicion par nos agents; mais malgré cela il entreprit de remonter ce fleuve, et, pour ainsi dire, au nez et à la barbe des mandarins désappointés.

Doué de ce caractère énergique des hommes qui veulent arriver à leur but et animé par ce patriotisme ardent qui l'a toujours inspiré, il parvint à remonter le fleuve. Par le Tay-Binh, il croyait trouver un canal qu'on lui avait indiqué comme reliant ce fleuve avec le Song-Coï, à quelque distance au-dessus d'Ha-Noï; mais il ne rencontra qu'une tranchée qui n'était pas terminée, sans issue, et dans laquelle il n'y avait pas assez d'eau. Alors il redescendit le Tay-Binh pour traverser le canal Song-Chi, qui unit les deux fleuves, et passa par derrière la capitale sans que les autorités annamites s'en fussent aperçues à temps.

Ainsi, malgré toute la malveillance qu'il ne devait pas trouver en certains hommes, M. Dupuis prouva qu'avec un navire à vapeur on pouvait remonter le Song-Coï et que ce fleuve était navigable jusqu'à Man-Hao, dans l'intérieur du Yun-Nan.

Non loin des bords du Song-Coï se trouve la ville chinoise très importante de Lin-Ngan-Fou, ville industrielle, dont le territoire est riche en mines de toute sorte. Une grande route la met en communication avec les centres principaux et la capitale de cette immense province.

Je dois vous dire ici que les provinces chinoises ne sont pas ce qu'on pourrait penser. Chacune d'elles représente, comme étendue, plusieurs de nos départements; elle est gouvernée par un intendant général et renferme un certain nombre de préfectures. Certaines de ces provinces sont aussi grandes que la France.

Dernièrement, un autre Français, M. de Kerkaradec, consul de France à Ha-Noï, qui devait aujourd'hui nous honorer de sa présence, a fait le même voyage. Il a remonté également le Song-Coï jusqu'à Man-Hao et a confirmé la véracité de tous les faits allégués par M. Dupuis, faits qui avaient été mis en doute par quelques-uns de ceux qui n'y étaient pas allés. Il en est toujours ainsi; les voyageurs sont contredits par des gens qui n'ont pas quitté leur pays. Ce sont ceux-là qui ont contesté les allégations de M. Dupuis; c'est d'eux que sont venues les controverses sur

les faits les plus simples et les plus évidents; on ne s'est pas contenté
de le contredire, d'accumuler autour de lui des difficultés de toute sorte;
on a été jusqu'à qualifier M. Dupuis de pirate, de brigand, d'écumeur
de mer! Voilà, Messieurs, la récompense qui a été accordée à Dupuis et
à Garnier.

On sait donc aujourd'hui à quoi s'en tenir sur ce point. Il n'y a plus
à discuter avec M. Dupuis; ses contradicteurs sont confondus et réfutés,
mais ils persistent toujours à croire qu'il ne trouvera pas de juges pour lui
rendre justice.

Disons un mot maintenant du massif montagneux de l'ouest du Tong-
King. C'est le pays des Me-Congs ou des Muongs, ou bien des Xas, noms qui
désignent un seul et même peuple. Ces populations, quoique jouissant d'un
certain degré de civilisation, sont généralement regardées comme sauvages.

Au-dessus de la ville de Song-Tay débouche une rivière que l'on
appelle Tsin-Ho, rivière Claire; elle vient du Nord-Ouest et sépare le
Tong-King du Yun-Nan. La région montagneuse dont elle descend est
habitée par des tribus formant un royaume. Voici en effet ce qui est
arrivé. Tout ce massif sauvage a été conquis par la dynastie des Lés, qui
gouvernait encore le Tong-King au milieu du xviiie siècle. Or, à cette
époque, surgit dans l'Annam le parti des Tay-Son, qui représentait les
les anciens Chams ou Ciampois. Les Tay-Son chassèrent les Annamites de
l'empire et s'emparèrent de tout le pays, depuis les bouches du Mekong
jusqu'aux frontières de la Chine. Gialong, le dernier rejeton des Nguyen,
fut obligé d'aller se réfugier au Cambodge et à Siam.

Ce prince, poursuivi de tous côtés, contraint de chercher un asile, le
trouva auprès d'un évêque français, Mgr Pigneau, évêque d'Adran, qui,
persécuté lui-même, s'était réfugié dans une petite île du golfe de Siam
nommée Poulo-Panjam. Il partagea la misère du vicaire apostolique de la
Cochinchine, auquel il confia son fils aîné, âgé de six ans, et qui sauva
de la mort le fils des bourreaux de ses missionnaires et de ses chrétiens.

Ce prélat vint à Paris conclure, au nom de Gialong, un traité avec
le gouvernement de Louis XVI, et ramena des officiers à l'aide desquels ce prince put reconquérir son royaume et le Tong-King. En 1802,
Gialong avait achevé son œuvre; comme ses prédécesseurs, il reconnut la
suzeraineté de l'empereur de Chine, mais il ne reprit pas le territoire des
tribus montagnardes du Tong-King. Celles-ci restèrent indépendantes,
absolument en dehors de l'influence annamite; cependant elles n'avaient
jamais été que nominalement sous la dépendance des rois Lés. Alors ces
tribus continuèrent à s'administrer elles-mêmes, et ne conclurent de traité
de vassalité avec le gouvernement annamite que lorsque leurs intérêts les
engagèrent à réclamer sa protection afin de se défendre contre d'autres
oppresseurs plus forts.

Ces tribus sont très nombreuses, et, chose singulière, possèdent un chef qu'elles considèrent comme leur empereur. Or, d'après une tradition que nous retrouvons chez tous les peuples de l'Indo-Chine, chez les Cariens de la Birmanie, chez tous les Laotiens, toutes les populations actuellement sauvages ou qui passent pour telles, du massif montagneux de l'Indo-Chine et même de tout le massif du Thibet oriental et des provinces chinoises du Yun-Nan, du Kouei-Tchou et du Su-Tchuen formaient, paraît-il, à une époque assez reculée, un immense empire comprenant tout le pays qui s'étend depuis la chaîne des Kouen-Lin au Nord, jusqu'à l'extrémité de la presqu'île de Malacca.

Eh bien! ces peuples, que nous connaissons peu, et seulement d'après les récits de certains de nos missionnaires, forment encore aujourd'hui une masse évaluée à 38 millions d'âmes, ce qui est un chiffre assez respectable, puisqu'il est l'équivalent de la population de la France. Or, dans la contrée située au nord du Song-Coï, se trouve l'héritier de la dynastie qui régna sur les tribus Muongs, et, pour ne pas rompre avec les traditions de ses ancêtres, il réside dans la localité de *Shui-Tien*, sous le nom de *Teou-Cé*. C'est là qu'il tient sa cour et où les grands, les seigneurs, les chefs l'environnent aux jours de réception et de gala, revêtus de costumes somptueux d'une très-grande richesse. C'est dans cette localité que se rendent les députés de tous ces peuples pour lui apporter le tribut de leurs hommages en lui offrant des présents. Il y a donc, au milieu de ces populations des massifs montagneux, une série de faits très curieux à observer.

Dans le massif qui sépare le Song-Coï de la province chinoise du *Yun-Nan* et du bassin du Me-Kong, coule, de l'autre côté du fleuve, la rivière Noire, *He-Ho,* qui descend parallèlement à lui et vient confluer sur sa rive méridionale, à quelques kilomètres à l'ouest de la préfecture de Son-Thay.

Cette rivière Noire, ainsi que le Song-Coï, coule dans un étranglement montagneux. On rencontre dans son bassin une longue série de belles vallées boisées, fort riches, habitées et parcourues par des troupes d'éléphants dont le nombre s'élève quelquefois jusqu'à cent. Ces vallées sont peuplées par d'autres tribus Muongs qui possèdent un certain degré de civilisation, et font partie des populations du massif montagneux qui vient tomber sur le Me-Kong. Or, en ligne directe, ce fleuve n'est qu'à 45 lieues du Song-Coï.

M. Harmand, venant du Cambodge, avait envoyé un messager porter une lettre à la première paroisse chrétienne qu'il rencontrerait de ce côté. Ce messager mit douze jours pour faire le voyage; mais il faut songer que dans les montagnes on marche rarement droit devant soi, et que, pour faire dix lieues, il est parfois nécessaire d'en faire quarante ou cinquante, à cause des circuits indispensables d'un terrain accidenté. C'est donc de cette région où se trouve le Tran-Ninh, petit royaume nominalement tributaire de l'Annam, que descend la rivière Noire.

La vallée de cette rivière est habitée par treize tribus extrêmement riches qui possèdent chacune sur leur territoire au moins une mine d'or; on y compte donc treize mines qui sont exploitées depuis très longtemps. Aussi les Chinois, qui ont le flair du commerce très développé, n'ignorent pas leur existence; depuis longtemps ils remontent le Song-Coï et viennent petit à petit, sans faire de bruit, s'installer dans la vallée de la rivière Noire ou y séjourner quelque temps. Ils apportent avec eux quelques produits manufacturés de leur pays et les troquent avec de grands bénéfices contre l'or des Muongs.

En effet, d'après M. Dupuis et les missionnaires du Tong-King, les Muongs, hommes et femmes, ont la passion du jeu. En venant au marché, ils apportent avec eux une quantité d'or considérable qu'ils perdent avec un grand flegme et une grande philosophie. Lorsqu'il ne leur reste plus rien, ils s'en retournent pour rapporter encore de l'or au marché suivant.

Voilà donc un peuple à demi-sauvage, barbare, qui n'a pas beaucoup de besoins, qui est pour ainsi dire séparé, par ce massif de montagnes, du grand mouvement industriel et commercial du monde entier, et il possède de l'or, il en regorge, il ne sait qu'en faire.

Les Chinois ont fort bien compris le parti qu'ils pouvaient tirer de cette situation; à toutes les époques de l'année, ils sont là, ils vont dans tous les marchés, et en rapportent une certaine quantité des richesses des Muongs, après leur avoir laissé en échange quelques produits manufacturés de peu de valeur.

Chaque tribu a son chef particulier qui reconnaît un chef suprême ayant certaines attributions pour certains cas particuliers, mais dont le pouvoir est presque toujours purement nominal, sauf dans le cas de guerre. Ces tribus appartiennent toutes à la famille qui vit sur le versant occidental des mêmes montagnes; celles qui occupent les plaines et les vallées occidentales, jusque dans la Birmanie, en sont une branche, une ramification. Ce sont les courants successifs de cet océan de peuples hindous et thibétains qui, à une époque ancienne, ont inondé l'Indo-Chine.

Les Muongs ont d'abord joui d'une civilisation assez avancée; mais à leur tour refoulés dans les montagnes par l'émigration chinoise qui est descendue insensiblement vers le Tong-King, bientôt séparés des peuples civilisés, ils ont perdu petit à petit les notions d'industrie, de commerce, d'instruction qu'ils possédaient et sont redevenus barbares. S'ils devaient rester indéfiniment isolés des grands courants civilisateurs, il est certain qu'ils redeviendraient absolument sauvages, comme ces Australiens que l'on a découverts il y a quelques années dans la Nouvelle-Hollande.

Tel est, Messieurs, en quelques mots, l'aspect de ce massif montagneux. Mais voici déjà une heure un quart que je vous entretiens, et je ne voudrais pas abuser de votre patience; je vais donc terminer en vous disant deux mots de l'histoire de l'Annam, afin que vous puissiez mieux comprendre tout ce que je viens de vous dire.

Le Tong-King et l'Annam ont formé pendant de longs siècles deux royaumes bien distincts. D'abord le Tong-King fut habité par les *Giaoi*, qui ont été insensiblement refoulés dans les montagnes par l'émigration chinoise.

A cette époque le Tong-King était plus grand qu'il ne l'est aujourd'hui; il comprenait les trois provinces septentrionales de l'Annam actuel : le Thanh-Hoa, le Nghê-An et le Ha-Tinh.

Au sud du Song-Gianh s'allongent l'estuaire de *Soo-boun* et la chaîne cochinchinoise. Or, à l'extrémité de cet estuaire se trouve un petit isthme qui était la seule route par laquelle on pouvait pénétrer du Tong-King dans le royaume des Chams. Il est encore coupé par la muraille qui était alors la frontière militaire des deux royaumes.

Les *Chams* ou *Giaoi*, ayant été repoussés, restèrent au sud de cette muraille, et les Tong-Kinois, après une série de guerres sanglantes, finirent par entamer leur royaume et conquirent insensiblement une partie des provinces du Midi. Enfin, il y a trois siècles, au milieu des troubles politiques du Tong-King, un des oncles du roi se demanda pourquoi il ne deviendrait pas roi à son tour. Alors, ayant obtenu la *surintendance* ou le gouvernement d'une province du Midi, il s'établit à Hué et prit le nom de *vua*, qui signifie intendant ou vice-roi, mais bientôt il le changea en celui de *chua*, c'est-à-dire roi, titre sous lequel il fonda la dynastie des Nguyen à laquelle appartient le souverain actuel de l'Annam.

Alors le Tong-King et la Cochinchine formèrent deux royaumes distincts.

Les Giaoi ou Chams, refoulés de plus en plus vers le Sud, n'occupaient plus, au milieu du xviii⁰ siècle, que le petit massif montagneux du Ciampa, qui s'élève entre la Cochinchine française et le Cambodge.

Or, ce massif se compose de montagnes en gradins, étagées les unes au-dessus des autres en formant un amphithéâtre verdoyant et pittoresque qui s'aperçoit de fort loin en mer.

Pendant ce temps-là, les Chinois, ayant de nouveau envahi le territoire annamite, imposaient au Tong-King un tribut de vassalité, de telle façon que ce royaume était réduit à l'impuissance. Mais, dans le second tiers du siècle dernier, les *Tay-Son* ou *Ciampois* reconquirent de nouveau tout leur empire et s'emparèrent même de la basse Cochinchine, où les Annamites avaient été précédés par une invasion de Chinois émigrants, brigands, voleurs, vagabonds, écume du Céleste-Empire allant chercher leur vie dans les pays voisins.

Les *Tay-Son* s'emparèrent donc de la Cochinchine et du Tong-King. Ce fut alors que Gialong, l'héritier des Nguyen, songea à chercher une protection. Il la trouva auprès de notre compatriote l'évêque catholique, missionnaire de la Cochinchine, qui lui gagna les bonnes grâces du gouvernement français. Avec l'aide de nos officiers, il chassa les Tay-Son et reprit son royaume, sauf la région septentrionale du Tong-King occupée par les Muongs.

Il y a donc au Tong-King deux races bien distinctes: l'une constituée par les tribus barbares de l'intérieur, l'autre formée par les Chinois qui sont venus se mêler aux populations primitives, comme les eaux d'un fleuve qui viennent se jeter dans la mer. Voilà l'origine de la grande famille annamite.

L'Annamite possède une très grande intelligence, il est industrieux et actif. S'il pouvait subir pendant un certain temps l'influence civilisatrice de l'Europe, et particulièrement l'influence française, il n'y a pas de doute que le Tong-King pourrait devenir pour la France une excellente colonie, beaucoup plus avantageuse que la Cochinchine. Alors le Tong-King se transformerait certainement en un grand centre industriel, commercial et maritime, d'une valeur inappréciable, à cause de sa position *sur l'unique voie navigable de la Chine occidentale et du Thibet.*

Il ne me reste plus, Messieurs, qu'à vous remercier de votre bienveillante attention et à vous prier de m'excuser de vous avoir retenus si longtemps. (Applaudissements répétés.)

La séance est levée à 4 heures.

NOMENCLATURE DES CONFÉRENCES FAITES AU PALAIS DU TROCADÉRO

PENDANT L'EXPOSITION UNIVERSELLE DE 1878.

1ᵉʳ VOLUME.

INDUSTRIE. — CHEMINS DE FER. — TRAVAUX PUBLICS. — AGRICULTURE.

Conférence sur les Machines Compound à l'Exposition universelle de 1878, comparées aux machines Corliss, par M. DE FRÉMINVILLE, directeur des constructions navales, en retraite, professeur à l'École centrale des arts et manufactures. (Lundi 8 juillet.)

Conférence sur les Moteurs à gaz à l'Exposition de 1878, par M. Jules ARMENGAUD jeune, ingénieur civil. (Mercredi 14 août.)

Conférence sur la Fabrication du gaz d'éclairage, par M. ANSON, ingénieur de la Compagnie parisienne du gaz. (Mardi 16 juillet.)

Conférence sur l'Éclairage, par M. SERVIER, ingénieur civil. (Mercredi 21 août.)

Conférence sur les Sous-produits dérivés de la houille, par M. BERTIN, professeur à l'Association polytechnique. (Mercredi 17 juillet.)

Conférence sur l'Acier, par M. MARCHÉ, ingénieur civil. (Samedi 20 juillet.)

Conférence sur le Verre, sa fabrication et ses applications, par M. CLÉMANDOT, ingénieur civil. (Samedi 27 juillet.)

Conférence sur la Minoterie, par M. VIGREUX, ingénieur civil, répétiteur faisant fonctions de professeur à l'École centrale des arts et manufactures. (Mercredi 31 juillet.)

Conférence sur la Fabrication du savon de Marseille, par M. ARNAVON, manufacturier. (Samedi 3 août.)

Conférence sur l'Utilisation directe et industrielle de la chaleur solaire, par M. Abel PIFRE, ingénieur civil. (Mercredi 28 août.)

Conférence sur la Teinture et les différents procédés employés pour la décoration des tissus, par M. BLANCHE, ingénieur et manufacturier, membre du Conseil général de la Seine. (Samedi 21 septembre.)

Conférence sur la Fabrication du sucre, par M. VIVIEN, expert-chimiste, professeur de sucrerie. (Samedi 14 septembre.)

Conférence sur les Conditions techniques et économiques d'une organisation rationnelle des chemins de fer, par M. VAUTHIER, ingénieur des ponts et chaussées. (Samedi 13 juillet.)

Conférence sur les Chemins de fer sur routes, par M. CHABRIER, ingénieur civil, président de la Compagnie des chemins de fer à voie étroite de la Meuse. (Mardi 24 septembre.)

Conférence sur les Freins continus, par M. BANDERALI, ingénieur inspecteur du service central du matériel et de la traction au Chemin de fer du Nord. (Samedi 28 septembre.)

Conférence sur les Travaux publics aux États-Unis d'Amérique, par M. MALÉZIEUX, ingénieur en chef des ponts et chaussées. (Mercredi 7 août.)

Conférence sur la Dynamite et les substances explosives, par M. ROUX, ingénieur des manufactures de l'État. (Samedi 10 août.)

Conférence sur l'Emploi des eaux en agriculture par les canaux d'irrigation, par M. DE PASSY, ingénieur en chef des ponts et chaussées, en retraite. (Mardi 13 août.)

Conférence sur la Destruction du phylloxera, par M. ROUART, manufacturier chimiste. (Mardi 9 juillet.)

2ᵉ VOLUME.

ARTS. — SCIENCES.

Conférence sur le Palais de l'Exposition universelle de 1878, par M. Émile TRÉLAT, directeur de l'École spéciale d'architecture. (Jeudi 25 juillet.)

Conférence sur l'Utilité d'un Musée des arts décoratifs, par M. René MÉNARD, homme de lettres. (Jeudi 22 août.)

Conférence sur le Mobilier, par M. Émile TRÉLAT, directeur de l'École spéciale d'architecture. (Samedi 24 août.)

Conférence sur l'Enseignement du dessin, par M. L. CERNESSON, architecte, membre du Conseil municipal de Paris et du Conseil général de la Seine. (Samedi 31 août).

Conférence sur la Modalité dans la musique grecque, avec des exemples de musique dans les différents modes, par M. Bourgault-Ducoudray, grand prix de Rome, membre de la Commission des auditions musicales à l'Exposition universelle de 1878. (Samedi 7 septembre.)

Conférence sur l'Habitation à toutes les époques, par M. Charles Lucas, architecte. (Lundi 9 sept.)

Conférence sur la Céramique monumentale, par M. Sédille, architecte. (Jeudi 19 septembre.)

Conférence sur le Bouddhisme à l'Exposition de 1878, par M. Léon Feer, membre de la Société académique indo-chinoise. (Jeudi 1er août.)

Conférence sur le Tong-King et ses peuples, par M. l'abbé Durand, membre de la Société académique indo-chinoise, professeur des sciences géographiques à l'Université catholique. (Mardi 27 août.)

Conférence sur l'Astronomie à l'Exposition de 1878, par M. Vinot, directeur du *Journal du Ciel*. (Jeudi 18 juillet.)

Conférence sur les Applications industrielles de l'électricité, par M. Antoine Breguet, ingénieur-constructeur. (Jeudi 8 août.)

Conférence sur la Tachymétrie. — Réforme pédagogique pour les sciences exactes. — Rectification des fausses règles empiriques en usage, par M. Lagout, ingénieur en chef des ponts et chaussées. (Mardi 10 sept.)

Conférence sur les Conditions d'équilibre des poissons dans l'eau douce et dans l'eau de mer, par M. le docteur A. Moreau, membre de l'Académie de médecine. (Mercredi 25 septembre.)

3e VOLUME.

ENSEIGNEMENT. — SCIENCES ÉCONOMIQUES. — HYGIÈNE.

Conférence sur l'Enseignement professionnel, par M. Corbon, sénateur. (Mercredi 10 juillet.)

Conférence sur l'Instruction des sourds-muets par la méthode Jacob Rodrigues Pereire, par M. F. Hément, inspecteur de l'enseignement primaire. (Jeudi 11 juillet.)

Conférence sur l'Enseignement des sourds-muets dans les écoles d'entendants, par M. E. Grosselin, vice-président de la Société pour l'enseignement simultané des sourds-muets et des entendants-parlants. (Jeudi 12 septembre.)

Conférence sur la Gymnastique des sens, système d'éducation du jeune âge, par M. Constantin Delhez, professeur à Vienne (Autriche). (Lundi 19 août.)

Conférence sur l'Unification des travaux géographiques, par M. de Chancourtois, ingénieur en chef au corps des Mines, professeur de géologie à l'École nationale des Mines. (Mardi 3 septembre.)

Conférence sur l'Algérie, par M. Allan, publiciste. (Mardi 17 septembre.)

Conférence sur l'Enseignement élémentaire de l'Économie politique, par M. Frédéric Passy, membre de l'Institut. (Dimanche 25 août.)

Conférence sur les Institutions de prévoyance, d'après le Congrès international, au point de vue de l'intérêt français, par M. de Malarce, secrétaire perpétuel de la Société des Institutions de prévoyance de France. (Lundi 16 septembre.)

Conférence sur le Droit international, par M. Ch. Lemonnier, président de la Ligue internationale de la paix et de la liberté. (Mercredi 18 septembre.)

Conférence sur les Causes de la dépopulation, par M. le docteur A. Desprès, professeur agrégé à la Faculté de médecine, chirurgien de l'hôpital Cochin. (Lundi 26 août.)

Conférence sur le Choix d'un état au point de vue hygiénique et social, par M. Placide Couly, ancien membre de la Commission du travail des enfants dans les manufactures. (Mardi 30 juillet.)

Conférence sur les Hospices marins et les Écoles de rachitiques, par M. le docteur de Pietra-Santa, secrétaire de la Société française d'hygiène. (Mardi 23 juillet.)

Conférence sur le Tabac au point de vue hygiénique, par M. le docteur A. Riant. (Mardi 20 août.)

Conférence sur l'Usage alimentaire de la viande de cheval, par M. E. Decroix, vétérinaire principal, fondateur du Comité de propagation pour l'usage alimentaire de la viande de cheval. (Jeudi 26 septembre.)

AVIS. — On peut se procurer chaque volume à l'Imprimerie nationale (rue Vieille-du-Temple, n° 87) et dans toutes les librairies, au fur et à mesure de l'impression.

www.ingramcontent.com/pod-product-compliance
Lightning Source LLC
Chambersburg PA
CBHW061615050726

47595CB00007B/2975